DE L'ÉTAT-MAJOR

EN PRUSSE, EN FRANCE, EN BELGIQUE.

Brux. — Typ.ᵉ Bruylant-Christophe et Cⁱᵉ, rue Blaes, 33.

DE

L'ÉTAT-MAJOR

EN PRUSSE, EN FRANCE, EN BELGIQUE.

COMPLÉMENT

AUX INSTITUTIONS D'ÉDUCATION MILITAIRE EXISTANT ACTUELLEMENT
EN BELGIQUE.

PAR

Le capitaine 𝕾𝖙𝖆𝖇.

> S'il n'importe qu'un officier commandant une compagnie ou un escadron n'ait pas des connaissances militaires très-étendues, il en est tout autrement pour un officier d'état-major.
>
> Ses fonctions si diverses.... l'obligent à posséder une instruction variée et une aptitude spéciale.
>
> Une fois ce principe admis....., on est convenu de recruter ces officiers *parmi ceux de toute l'armée*, à quelque arme qu'ils appartiennent, ET DE FAIRE AUX JEUNES GENS QUI SE PRÉSENTERONT DES AVANTAGES SÉRIEUX SOUS LE RAPPORT DE L'AVANCEMENT.
>
> B⁰ⁿ STOFFEL.

BRUXELLES.

BRUYLANT-CHRISTOPHE & COMPAGNIE, ÉDITEURS,

33, RUE BLAES.

1871

L'état-major est l'école des généraux.

L'état-major doit être constitué d'éléments pris dans toutes les armes.

Aucune arme n'est propre à l'alimenter à l'exclusion de toutes autres; un semblable privilége présenterait de grands dangers.

Il importe, en conséquence, que, dans l'état-major, soient condensées les intelligences les plus incontestables *de toute l'armée.*

Pour atteindre ce but, il faut faire choix des jeunes gens qui, dès leur début dans la carrière, offrent les garanties les plus sérieuses d'une instruction première convenable et des qualités les plus propres au commandement; il faut surtout les soumettre à un système d'éducation capable de donner à leurs aptitudes tout leur développement.

Les jeunes officiers, ainsi formés, seraient répandus dans toutes les armes, qui recevraient, de la sorte, un recrutement de même valeur.

Le gouvernement doit, résolûment et sans tenir compte des froissements inévitables, ouvrir les voies aux sujets reconnus les plus complets. *Beaucoup d'appelés, mais peu d'élus*, dit l'Écriture.

3 août 1871.

Le vent est à la réorganisation militaire, tant technique que politique ; il soulève un flot de mémoires et de projets sur cette question intéressante.

Obscur officier subalterne, nous croyons accomplir un devoir en apportant à notre tour notre contingent de travail, et nous saisissons avec empressement l'occasion que nous offre une publication récente (1), de dire quelques mots du corps d'état-major.

Les victoires que la Prusse a remportées sur une nation dont la réputation militaire est attestée, dans l'histoire, par des campagnes hardies et presque constamment heureuses, victoires si décisives et si rapides, ont fixé l'attention du monde sur les institutions que ce peuple s'était données au lendemain d'Iéna, institutions

(1) *Des armées de Belgique, de France et d'Allemagne ; étude sur leur constitution morale et matérielle, par un officier supérieur.*

mal appréciées à toutes les époques et fortement décriées encore, il y a peu d'années. Les peuples de race latine, notamment, ne voyaient, dans la constitution militaire prussienne, qu'une oppression permanente des populations, sans autre résultat qu'une apparence de cohésion défensive que la moindre tempête devait dissiper.

Dès 1866, on se mit à l'œuvre pour copier plus ou moins fidèlement la Prusse ; mais un reste d'amour-propre chez les uns, une persistance obstinée à nier l'évidence chez les autres, firent que les résultats obtenus par des novateurs bien inspirés furent des plus médiocres. Toujours est-il que la confiance dans l'ancien ordre de choses se trouva fortement ébranlée et que l'on devait être amené, tôt ou tard, à introduire, dans les constitutions militaires, les améliorations indiquées par la campagne de Bohême.

Les esprits, ainsi préparés, n'hésitèrent bientôt plus. Dès les premiers succès des armées allemandes contre la France, le sentiment général, se prononçant résolûment, les attribua, non à la trahison chez la partie adverse, mais au magnifique agencement des divers éléments qui composent l'armée de la Confédération du Nord.

L'organisation prussienne comporte trois choses principales :

1° Le mode de recrutement. Ce n'est ni la conscription, ni les enrôlements plus ou moins volontaires, ni les milices ou levées en masse ; mais le service obligatoire, c'est-à-dire personnel et effectif, pour tout homme en état de porter les armes ou de faire un service sérieux à l'armée.

2° La mise en activité des classes. Les levées annuelles ne sont pas réparties uniformément entre les corps, ainsi que cela se fait ailleurs, afin de donner une composition presque identique à tous les régiments en mélangeant les populations des diverses provinces ; on s'est placé au point de vue plus impérieux de la nécessité d'une prompte réunion des permissionnaires et des réserves, et le recrutement des régiments, brigades, divisions, corps d'armée — au moins en ce qui concerne les troupes de ligne — s'opère par circonscriptions territoriales définies d'une façon immuable.

3° Les masses obtenues et encadrées, il s'agit de les mettre en action. L'état-major général, chargé de cette mission, est, en Prusse, alimenté d'après des principes spéciaux qui n'ont leurs analogues chez aucune autre nation, et qui donnent la certitude de n'appeler aux fonctions élevées de l'armée que les capacités les plus incontestées.

Notre dessein n'est pas de nous occuper, dans ce court opuscule, de ce qui est relatif au service obligatoire et à l'appel des contingents ; d'autres que nous ont traité ces questions d'une façon très-suffisante.

Nous ne parlerons que du troisième point, c'est-à-dire de ce qui touche à l'institution connue sous le nom d'*école de guerre* ou, plutôt, du corps d'état-major de Prusse issu de cette école.

———

C'est à juste titre que l'on a attribué à l'état-major prussien la perfection que l'on remarque dans l'organisation de l'armée allemande.

Est-il, en effet, une chose qui commande plus l'attention que le spectacle d'une nation entière qui, sous le coup d'une attaque à l'improviste, est réunie sous les armes, approvisionnée, administrée et mise en marche en quelques jours, avec cette rapidité qui prouve la force de la discipline et le sentiment, chez tous, du devoir? Y a-t-il rien de plus instructif pour un militaire que la vue de cette immense masse d'hommes franchissant en ordre la frontière, évoluant avec une précision mathématique vers les nœuds de la guerre, et s'avançant jusqu'au cœur du pays ennemi, sans que rien puisse arrêter sa marche irrésistible?

Il est donc tout naturel que la Belgique, comme les autres nations, recherche le meilleur mode à adopter pour la création d'un bon état-major, admis dorénavant comme la garantie d'une résistance honorable et efficace si l'heure du danger venait à sonner.

A vrai dire, en Belgique, on n'est pas resté en arrière sous ce rapport. Depuis longtemps déjà, de sérieux efforts ont été faits pour doter l'armée d'un corps composé de ces officiers d'avenir, c'est-à-dire instruits dans l'ensemble complet des choses de la guerre et possédant un jugement exercé et sûr. Y est-on parvenu? On prétend que non, et cette opinion est partagée par la presque unanimité des personnes qui se sont prononcées sur ce sujet. Une semblable assertion, bien que respectable par sa sincérité sans doute, est douloureuse pour toute une catégorie d'hommes qui ont la conscience d'être sortis victorieux des rudes épreuves qu'on leur a imposées. Mais est-elle fondée?

Notre avis personnel est que le corps d'état-major, tel qu'il est composé aujourd'hui, bien loin de mériter le discrédit dans lequel on le dit tombé, renferme, au contraire, d'excellents éléments qui ne demandent, pour être appréciés, qu'à être employés d'une manière rationnelle et mieux en rapport avec la haute mission qui lui appartient à l'armée. A cet égard, et bien qu'il nous répugne d'imiter les engouements quelque justifiés qu'ils soient, nous ne pouvons nous empêcher de faire reposer notre défense sur les arguments invoqués, avec une grande autorité, par le colonel Stoffel, des mémoires duquel on se sert précisément pour nous condamner.

Quoi qu'il en soit, il importe peu que la plupart de

nos officiers d'état-major soient ou ne soient pas à la hauteur de leur position. Lorsque, comme dans le cas présent, une nécessité s'impose, il ne sert à rien d'examiner si c'est à tort ou à raison, ni d'entrer en lice pour la combattre. Le mieux est de s'abandonner à l'impulsion générale, en la dirigeant, afin de lui faire produire, si possible, le maximum d'effet utile. On réclame une organisation nouvelle, en remplacement de celle qui, éclose il y a deux ans à peine, paraît déjà ne plus devoir suffire dans l'avenir; et c'est à l'occasion de cette demande, qui se répète dans les écrits officiels ou privés (1), que nous nous permettons ici d'énoncer quelques idées.

Tout d'abord, nous dirons que notre but n'est d'exalter ni d'attaquer personne ; nous pensons faire une œuvre utile au pays, à l'armée, et particulièrement aux officiers d'état-major. Il ne serait pas équitable de nous supposer une intention désobligeante ou malveillante, alors que, de toutes parts, s'élèvent, contre ce

(1) Nous citerons entre autres : Le Rapport de M. le ministre de la guerre aux Chambres, en date d'avril dernier. Dans le paragraphe relatif au *Corps d'état-major*, M. le ministre énonce l'avis que l'organisation actuelle est toute provisoire et qu'elle est destinée à recevoir, dans l'avenir, les développements les plus étendus.

La publication déjà citée : *Des armées de Belgique, de France et de Prusse*, etc., [voir notamment les pages 107 à 126 et dernière] fait, également, la critique de notre organisation actuelle et indique les bases sur lesquelles devrait se faire une réorganisation devenue inévitable.

corps, des critiques honnêtes que nous ne croyons pas assez fondées et des critiques acerbes dont les auteurs feraient, certainement, des officiers d'état-major moins bons encore que les plus médiocres des titulaires actuels.

Indirectement notre travail est donc, on ne peut le nier, une sorte de justification des titres de tout un corps d'officiers; mais ce qu'il se propose avant tout, c'est de faire ressortir pourquoi l'ancienne organisation de l'état-major a fait naufrage, et pourquoi la nouvelle organisation ne réussira peut-être pas mieux. Ce mécompte, présumable croyons-nous, expose l'armée à péricliter peu à peu au point de devenir inférieure à ce qu'elle est aujourd'hui, au lieu de s'améliorer par les enseignements qui ressortent des désastres essuyés par les armées françaises.

Si nos intentions venaient à être méconnués ou incomprises, nous avons la ferme confiance que l'auteur du remarquable ouvrage qui nous a mis la plume à la main, prendrait notre défense et trouverait, en notre faveur, des paroles aussi éloquentes et aussi décisives que celles dont il s'est servi, lorsqu'il s'agissait de faire toucher du doigt la funeste influence des théories sociales modernes sur la discipline et l'agrégation de l'armée.

Reportons-nous un instant en arrière. En Belgique, la question du corps d'état-major a, depuis dix-huit ans, été constamment soulevée par le général Renard.

Quelque jugement qui ait pu se produire sur le mérite et sur l'opportunité des innovations que cet officier général a recommandées, on doit à la vérité de reconnaître aujourd'hui que c'est à lui que revient l'honneur des dispositions essentielles les plus utiles au corps d'état-major, que nous ayons vu successivement promulguer.

En effet, dès 1852, le général Renard, alors colonel d'état-major, usurpant en quelque sorte la direction de ce service supérieur dans lequel il était passé lors de la fondation, y introduisit d'excellents principes tirés de la connaissance approfondie d'organisations plus parfaites que la nôtre. Ainsi, il s'efforça de donner de la cohésion à ce qui se composait d'éléments disparates et étrangers les uns aux autres, c'est-à-dire à former l'esprit de corps. Ainsi, d'une copie incomplète de la constitution française du corps d'état-major, il s'ingénia à faire un tout homogène et bien harmonisé, capable de mettre en relief les spécialités des divers officiers, comme aussi de mettre en pleine lumière les nullités, s'il s'en trouvait.

Ces idées étaient sensées, et, si elles avaient pu recevoir leur développement naturel, nous croyons que le pays et l'armée auraient, dès à présent, à s'en louer.

Mais leur réalisation laissa à désirer.

A qui faut-il en imputer la faute? Y a-t-il eu chez leur auteur manque de ténacité; ou bien ses efforts les plus louables ont-ils été contrariés par l'inertie ou la mauvaise volonté? Nous n'oserions risquer de nous prononcer sur ce dilemme, si des circonstances nouvelles, propres à faire naître une appréciation certaine, ne s'étaient produites plus tard. Toujours est-il que l'organisation préférée et proposée par le général Renard, après avoir fonctionné d'une façon plus ou moins sérieuse, fut combattue par lui-même peu d'années après qu'elle eût vu le jour et avant que l'expérience eût permis d'en constater les fruits. En même temps, il se montra partisan de l'organisation prussienne, au lieu de l'organisation combinée franco-belge (1).

Par cette évolution hâtive et imprévue, le général Renard a tenté, sans y parvenir cependant, de donner au corps d'état-major un régime exempt des défauts que l'on pouvait, avec raison, reprocher à la première conception, défauts que la suite de notre exposé indi-

____

(1) Le lecteur sait très-bien ce qu'est l'organisation prussienne, dont la base est l'école de guerre renommée de Berlin.

Mais il n'est peut-être pas aussi bien éclairé sur l'organisation franco-belge. Dans cette dernière, le corps d'état-major se recrutait par l'école d'application des armes spéciales (telle qu'elle existe encore aujourd'hui pour l'artillerie et le génie), avec la condition complémentaire, édictée par une loi de 1853, d'un stage de cinq années dans les régiments et d'un examen sur des branches militaires que ne comporte pas le programme de l'établissement d'instruction précité.

quera, du reste, d'une façon logique et opportune.

Le second œuvre élaboré sous son inspiration est aujourd'hui debout, succédant au premier renversé il y a deux ans, sans que, et nous l'avons vu avec regret, une voix autorisée se soit élevée pour en présenter la défense, à laquelle il avait des droits positifs. Comme nous venons de le faire pressentir, et sans parler de plusieurs imperfections qui n'existaient pas dans l'organisation précédente, nous dirons tout de suite que cette nouvelle création renferme précisément les mêmes lacunes qui ont frappé de stérilité sa devancière.

C'est ici que la part de responsabilité de chacun se dégage, car il semble acquis que les dispositions fondamentales des projets du savant général qui a dirigé notre arme pendant tant d'années, ont rencontré, dans le sein de commissions, une opposition dont le mobile venait, chez quelques-uns, de l'hésitation habituelle aux esprits timides que les innovations rendent circonspects, défiants; chez d'autres, de l'espoir d'une popularité obtenue en faisant échec à tout ce qui concerne l'état-major.

Nous conclurons en disant que le général Renard a eu, sur le corps d'état-major, des vues justes et dont on doit lui savoir gré, bien que les résultats n'aient pas répondu à l'attente. Nous formerons aussi le vœu que ses continuateurs, plus heureux, réussissent promptement à faire disparaître les causes qui arrêteront le développement et annihileront l'influence — lesquels sont d'un grand intérêt pour le pays — de cette institution, quelle que soit la richesse intellectuelle des individualités qui la composent ou qui seront appelées à en faire partie.

———

Au point où la Belgique est arrivée dans son organisation militaire, nous n'avons à constater qu'une chose, c'est que, si elle possède des officiers d'état-major, l'institution même n'apparaît pas en tant que corps et son action n'a laissé de traces visibles nulle part. Sans doute, beaucoup de personnes ont su découvrir les raisons véritables d'un si fâcheux avortement; mais il en est d'autres, c'est le plus grand nombre malheureusement et le nombre est toujours plus écouté, qui ne les aperçoivent que dans l'absence des aptitudes voulues chez les individus. Chacun, dans l'armée, s'empresse donc de proclamer la nécessité d'une reconstitution immédiate, et la Prusse, triomphante aujourd'hui, est indiquée comme le modèle que nous devons imiter plus complétement.

Mais à quoi sert de modifier la forme organique, de changer même les hommes, si le vice originel est destiné à se perpétuer? Le corps d'état-major serait toujours débordé, il resterait impuissant; et, quoique entravé dans ses agissements les mieux conçus, c'est toujours lui que l'on ferait le bouc émissaire des tristes mécomptes auxquels on aboutira à chaque prise d'armes.

Jetons, en conséquence, un coup d'œil sur cette organisation prussienne dont on réclame l'adoption en Belgique, et à laquelle nous déclarons tout d'abord être, en principe, très-favorable.

En Prusse, la question de l'état-major n'est pas comprise comme elle l'est chez nous. Là, c'est le personnel de ce corps qui sert à former le cadre de l'état-major général ou des Hauts-commandants.

En Belgique, au contraire, le corps d'état-major ne contribue que par accident à recruter l'état-major général.

Cette différence n'est pas imperceptible; elle a son importance. C'est tout un système opposé; c'est le petit et le gros bout de la lunette.

Et si l'on veut sérieusement prendre ce que les institutions prussiennes ont d'assimilable à notre état politique, il faut commencer par introduire cette réforme radicalement nécessaire.

La particularité que nous signalons est bien établie, mais on ne l'a pas mise en saillie de manière qu'elle frappe les yeux. Elle est le caractère essentiel de l'organisation prussienne. Et lorsque le colonel Stoffel s'écrie, en terminant son rapport : « Méfiez-vous de l'état-major prussien, » sa pensée n'embrasse pas un corps de cent officiers seulement, qui végèteraient dans une impasse; il ne prétend pas que ces officiers possèdent l'intelligence et l'instruction qui, d'autre part, feraient défaut à des commandants d'armée tels que les princes Guillaume, Charles et Albert, ou des généraux comme Werder, de Zastrow, Manteuffel, Von der Thann et autres dont les noms nous échappent; mais il entend dire : « Prenez garde à cet ensemble de colonels et de généraux, commandants de divisions, de corps d'armée, d'armées et de divers services, *issus du corps d'état-major*, — secondés dans leurs cabinets par des officiers sortis du même moule et qui les remplaceront un jour, — et ayant en réserve, dans toutes les armes, pour l'interprétation et l'exécution de leurs pensées, de nombreux élèves soumis encore aux épreuves du creuset commun. »

L'objet de l'organisation prussienne, entendue de cette façon, est des plus faciles à comprendre, et l'on se rend aisément compte de l'influence que peut exercer l'instruction sur les destinées d'une armée.

On aperçoit mieux aussi la différence qui existe entre l'état-major prussien et les autres, le nôtre en particulier; l'on saisit de suite ce qui manquait et manque encore aux deux organisations qui ont successivement prévalu chez nous.

L'état-major prussien est un puissant système artériel qui étend ses ramifications dans toute l'économie, dispose des commandements dans les armes et les services (1), y vivifie l'instruction par l'exemple, y apporte le contingent de ses lumières pour améliorer et innover, et, finalement, enlace cette immense armée pour la porter, sous l'impulsion d'une pensée unique, vers l'objectif où elle doit remplir son office. — C'est, en un mot, la fonction de l'artère dans le corps humain.

Ailleurs, et la France nous a donné un triste enseignement sous ce rapport, l'état-major est une bonne lame de Tolède au côté d'un homme. Celui-ci la sait-il manier, il fera des prouesses. Est-il au contraire novice en escrime, loin d'en tirer profit pour sa défense, il en sera gêné, il s'en blessera lui-même.

Le travail que nous entreprenons n'est pas un recueil de récriminations. La situation est trop grave. Ce mode de procéder, du reste, n'avancerait pas les choses. Ce qu'il nous importe, c'est de conclure à un système efficace à mettre immédiatement et rigoureusement, sans hésitations, en pratique ; car les années s'écoulent, et les événements, qui nous ont côtoyés une première fois sans nous atteindre, pourraient peut-être bien, dans l'avenir, nous envelopper dans leur tourbillon.

C'est à combiner ce système que nous allons essayer de parvenir.

---

(1) Le chef d'état-major d'un corps d'armée prussien actuellement sous Paris a rempli des fonctions d'intendant-général pendant les opérations.

En somme, c'est dans la *préparation logique et rationnelle* qu'il faut chercher le secret des résultats donnés par l'organisation prussienne, secret défini avec tant de finesse par le colonel Stoffel lorsqu'il dit : « En 1866, c'est le maître d'école qui a donné la victoire. » Pour nous, à l'instar de la Prusse, la première règle fondamentale à poser est de préparer les ressources où l'on puisera pour les emplois spéciaux et pour les grades de colonels et de généraux.

En Belgique comme en Prusse, les officiers d'avenir ne peuvent se reconnaître que par l'épreuve du creuset. Le creuset, ce sont les écoles, continuées par le service auprès de la troupe et couronnées par des applications sur le terrain.

Cet ensemble de conditions, faciles, comme on le voit, à résumer en peu de mots, constitue cependant l'occupation d'une vie entière. Ceux qui s'y soumettent se vouent à une existence laborieuse, qui, en Belgique, n'a d'autre récompense que la satisfaction intérieure du devoir accompli.

En Prusse, au contraire, les officiers de cette catégorie jouissent d'un avancement rapide. Gagnant d'emblée un terme moyen « de huit années, » ainsi que le signale le colonel Stoffel, ils reçoivent le prix de leurs efforts en distançant dans la carrière leurs contemporains moins intelligents ou moins courageux au travail. On ne voit pas en Prusse les officiers instruits être devancés aux grades supérieurs par les jeunes gens dont les études ont été stériles, ou qui n'ont d'autres titres à faire valoir que l'exécution ponctuelle du service journalier dans les cadres des bataillons ou des escadrons.

Une des conséquences de l'instruction et des capacités recherchées chez l'officier d'état-major, est donc un avancement exceptionnel.

La nécessité de cet avancement impose l'obligation d'une fusion continue du corps d'état-major dans l'armée. Il est impossible, en effet, qu'il en soit autrement, à moins de donner à l'effectif de ce corps des proportions exagérées qui présentent l'inconvénient, non compensé, d'un excédant d'emplois onéreux et inutile.

La diffusion de l'état-major dans les armes de bataille a encore une autre raison d'être, non moins importante que la première : par leur présence prolongée au régiment, ces officiers acquièrent l'habileté dans les manœuvres, le coup d'œil dans le commandement et l'expérience qui prévoit les choses diverses d'où dépend la mobilité des troupes. Cette diffusion intime crée l'affinité qui doit exister entre le cerveau qui conçoit et les membres qui exécutent; en un mot, elle utilise mieux à l'avantage personnel de l'officier l'instruction qu'il a acquise, et elle en fait profiter l'armée dans la mesure la plus large.

A quoi, en effet, auraient servi toutes les aptitudes de l'état-major prussien en 1870, si l'armée lui était restée en quelque sorte étrangère?

Un avancement particulier réservé au mérite éprouvé, et son corollaire : le mouvement incessant du corps d'état-major vers les troupes de bataille, — c'est ce qui a manqué aux organisations dont la Belgique a été dotée. Nous sommes du reste, sous ce rapport, dans la même situation que la France. *Ce sont ces deux principes que, sans doute, le général Renard aurait voulu voir introduire dans notre législation.* Ils donnent en Prusse et produiraient, chez nous, des conséquences considérables que l'on peut résumer comme suit :

1° Un plus grand nombre de candidats sont appelés à recevoir l'instruction d'officier d'état-major ;

2° Parmi ces candidats, les moins heureux possèdent cependant un fonds réel de science militaire ;

3° Ceux qui réussissent dans les diverses épreuves forment une pépinière d'officiers d'avenir, c'est-à-dire capables entre les capables, et ils constituent l'état-major.

———

Nous avons parlé ci-dessus de l'avancement exceptionnel qui, en Prusse, attend l'officier d'état-major. Il n'est pas sans intérêt d'insister sur les conditions mises à cet avancement.

« Les officiers qui ont l'ambition d'être admis à l'état-major sont soumis à un programme de travaux que l'on peut classer en deux catégories.

« La première comporte les études d'enseignement supérieur à l'académie de guerre, entremêlées d'applications et de service pratique. Elle a pour objet principal de développer les qualités scientifiques des candidats. Les officiers qui y ont satisfait obtiennent une première récompense par le gain d'une année dans leur avancement.

« Le deuxième contingent d'épreuves consiste dans le service actif à l'armée comme officier de troupes et comme officier d'état-major. Le but est de rendre apparents aux yeux des chefs et des égaux, chez les candidats, le caractère et l'aplomb indispensables à la bonne direction des hommes, et de donner la mesure de leurs aptitudes aux travaux spéciaux d'état-major, tant dans les bureaux qu'en campagne. Les officiers qui remplissent cette seconde somme de conditions, voient leur mérite reconnu par un nouveau gain de six à sept années.

« Ces officiers sont naturellement un objet de jalousie dans les régiments ; mais on doit convenir que, s'il y a lieu de leur porter envie comme à tout ce qui est distingué par le talent, il ne serait ni raisonnable, ni loyal de souhaiter qu'on leur marchande la récompense de leurs labeurs (1). »

(1) Les paragraphes entre guillemets ne sont pas une citation textuelle qui eût inutilement allongé notre opuscule, mais bien un résumé succinct et fidèle des chapitres du Rapport du colonel Stoffel, en

En résumé, nous voyons deux opérations distinctes : en premier lieu, on développe chez les candidats les aptitudes scientifiques et pratiques; et, ce point obtenu, on restitue à la troupe les sujets qui lui ont été empruntés.

Mais, entre ces deux opérations qui se contrarient et se nuisent, il y a le lien de l'avancement exceptionnel, correctif puissant aux effets de la dispersion dans les armes de bataille, qui retire l'officier d'état-major de la masse, l'empêche d'y demeurer oublié, et le remet en évidence.

Le découragement et la désillusion ne pénètrent donc jamais chez le travailleur. Celui-ci sait, comme le dit le colonel Stoffel, qu'au bout de l'étape qu'il parcourt, l'attend le prix d'une ambition légitimée par ses efforts.

Ainsi parvenus, très-jeunes encore, au premier échelon des grades supérieurs, entourés en outre de la considération due à des succès achetés par le travail et l'étude, ils sont assurés d'acquérir un jour la juste prépondérance à laquelle le gouvernement a voulu les préparer.

———

Outre les avantages déjà énumérés que présente cette constitution de l'état-major en Prusse, il en est d'autres

date du 23 avril 1868, intitulés : *Recrutement des officiers d'état-major. — Premier, deuxième choix. — Promotions aux grades de capitaine et de chef d'escadron. — Passage alternatif de l'état-major à la troupe.*

sur lesquels il n'est pas inopportun de fixer l'attention.

1° Pendant la paix, les cadres des troupes de ligne sont constamment au complet, et cependant cet état comporte une réserve nombreuse d'officiers spéciaux dont il est possible de disposer sans troubler, même en temps de guerre, la cohésion des troupes de bataille. On évite de la sorte la profusion, pendant la paix, d'officiers *hors cadre* ou *sans emploi sérieux*, source de dépenses, refuge du favoritisme et cause de décadence.

2° La fusion obligatoire du corps d'état-major dans les troupes de bataille, et le va-et-vient continu d'officiers établi entre ces troupes et les services d'état-major, permettent de donner au corps une extension tout à la fois illimitée et restreinte, puisqu'elle dépend du nombre de candidats auxquels on reconnaît les capacités indispensables. L'adoption d'un chiffre organique de l'effectif de ce corps devient donc ici sans objet puisque, selon les circonstances, le trop-plein rentre dans les régiments, ou les régiments livrent le personnel nécessaire.

3° A la tête des unités de troupes de bataille se trouvent, tout naturellement, pour conduire les bataillons, les divisions, les armées, des hommes de choix, *issus de l'académie de guerre* ou DU CORPS D'ÉTAT-MAJOR. Ces derniers arrivent, presque seuls, à occuper les emplois de colonels et de généraux (1), et l'on ne voit pour ainsi dire pas, dans cette armée, les hauts grades devenir l'apanage de l'officier que l'on qualifie de bon troupier, comme le veut la tradition dans l'armée française. Aussi a-t-on pu constater, des deux parts, les effets de ces pratiques inverses sur l'engagement et sur l'issue de la guerre récente.

4° Le contact journalier des officiers de la ligne moins bien partagés sous le rapport du mérite, avec les officiers d'état-major répandus dans les régiments, crée une émulation vivace qui porte chacun à acquérir, dans la mesure de ses forces, la plus grande somme possible de connaissances techniques. Ce fait se produit non-seulement chez l'officier subalterne, mais encore dans les cadres inférieurs. Il se forme comme un courant de science qui descend jusqu'au soldat, courant qui s'entretient spontanément par suite du mouvement régulier du corps d'état-major vers les troupes de bataille. Les écoles régimentaires y gagnent de bons directeurs, et chaque officier ou sous-officier se transforme, à son insu, en excellent instructeur tacticien des recrues que les années amènent dans les régiments.

5° Enfin — et cette considération n'est pas la moins

(1) « Aujourd'hui (année 1868), dit le colonel Stoffel, *presque tous* les généraux de l'armée prussienne sont d'*anciens élèves de l'académie de guerre*, ET LES TROIS QUARTS ONT SERVI DANS L'ÉTAT-MAJOR. La proportion ira en augmentant. »

importante — en Prusse, on connaît la raison d'être d'un corps d'état major, et l'on apprécie les bienfaits qu'il est appelé à répandre chaque jour dans l'armée. Il est naturel, d'ailleurs, qu'il en soit ainsi, les officiers d'état major éparpillés dans les troupes, depuis le grade subalterne jusqu'au plus élevé, popularisant, par l'exemple de ce qu'ils sont eux-mêmes, le principe, de l'existence de cette institution. En outre, les généraux, *issus d'un corps dans les services duquel ils sont entendus et compétents*, apprécient avec exactitude la nécessité des états-majors particuliers et généraux ; ils n'ignorent pas les attributions des chefs d'état-major et de leurs attachés, leurs devoirs, les travaux qui leur incombent et la responsabilité qui est leur partage.

Il s'ensuit que, dans les divisions et les armées, auprès des généraux, des colonels, comme de la troupe, les états-majors jouissent de la somme d'indépendance et d'initiative, ainsi que du prestige dont ils ont besoin pour remplir dignement la mission qui leur est confiée. Et l'on ne voit pas en Prusse, comme en d'autres pays, s'établir et se perpétuer, sous le faux vernis du bien du service, ces luttes, à peine occultes, entre les officiers de la troupe et les états-majors ; ni ces relations entre généraux et leurs états-majors, témoignant d'une méfiance dédaigneuse, qui n'aboutit qu'à amoindrir l'un des rouages les plus essentiels d'une armée.

Telle est l'organisation prussienne de l'état-major.

Elle consiste, en un mot, en ceci :

Ce n'est pas, ainsi qu'on semble porté à le croire, parce que les officiers de ce corps sont doués d'aptitudes supérieures que l'usage s'est introduit en Prusse de les admettre à participer à la composition des cadres de l'état-major général, jusqu'à former aujourd'hui la grande majorité du personnel des généraux; mais les officiers du corps d'état-major sont devenus supérieurs à tous autres, ou PLUTÔT il n'est entré dans ce corps que les officiers les plus distingués de toute l'armée, *parce qu'on lui a ouvert les portes de l'avenir, en lui donnant pour destination principale de contribuer, presque seul, au recrutement de l'état-major général.*

La Prusse a-t-elle obtenu, de prime abord, le résultat auquel elle est arrivée aujourd'hui? Évidemment non.

En imitant la Prusse, même complétement, ressentirait-on de suite, en Belgique, les meilleurs effets de cette réforme? Encore une fois, non.

Le corps d'état-major prussien n'est arrivé qu'insensiblement à ce degré de perfection. A l'origine, il y a eu des tâtonnements inévitables, et le système s'est amélioré avec le temps.

Les premiers sujets n'étaient sans doute pas bien remarquables; peut-être leurs professeurs et chefs étaient-ils moins capables encore.

En méditant les écrits qui disséquaient les faits

militaires produits depuis cent cinquante ans, et notamment ceux du commencement de ce siècle, les fondateurs de l'institution avaient pressenti que la création et le fonctionnement de la machine que l'on nomme *armée* deviendraient un art, dans toute l'acception du mot. Ils possédaient assez de jugement et d'abnégation à la fois, pour ne pas reculer devant la mission de propager une instruction rudimentaire encore, mais dont ils voyaient le champ s'élargir chaque jour.

Les générations successives d'élèves ont été toujours en se perfectionnant. Les premiers élèves ont débordé les premiers maîtres. Aujourd'hui on peut affirmer, sans crainte d'être contredit, que les officiers qui s'asseyent sur les bancs de l'académie de guerre, sont jugés par des hommes dont ils ne deviennent que les égaux en intelligence et en savoir.

C'est la gradation naturelle de tous les progrès.

Le général de Moltke est incontestablement un homme du plus grand mérite ; mais il n'a fait qu'apporter, à l'œuvre de ses devanciers, les développements et les perfectionnements que son expérience et sa grande érudition lui ont suggérés. La Prusse a mis cinquante ans à en arriver à un système sans contredit le meilleur des temps modernes. De Moltke n'existait pas au début : ce n'est donc pas lui qui a pu en jeter les bases ; mais il lui a donné une vitalité dont les effets foudroyants ont frappé d'admiration le monde. Y aurat-il mieux un jour ? Nos facultés ne vont pas jusqu'à nous le laisser prévoir avec certitude ; il nous est seulement permis de le supposer.

Pour faire fonctionner avec fruit une semblable organisation, il faut, du reste, qu'elle soit entre les mains d'un homme puissant par le jugement et par la volonté. De Moltke trouvera-t-il un successeur digne de lui ? Nous le souhaitons ; car il ne faut pas oublier que les meilleures institutions peuvent dégénérer par l'effet d'une mauvaise application, lorsqu'elles sont à la discrétion d'un cerveau étroit ou d'un homme accessible aux passions et aux flatteries. Une altération dans la qualité des produits pour des causes inhérentes à un individu, est attribuée à quelque défectuosité supposée de l'ensemble ; on cherche le vice là où il ne se trouve pas ; et, bientôt, on se met à corriger, c'est-à-dire à saper lentement tout le système.

Selon nous, — quelque paradoxale que paraisse cette thèse, — il peut exister des hommes indispensables (1).

(1) A l'appui de ce que nous avançons, nous citerons les paroles prononcées par M. de Bismarck à la chambre des députés de Berlin, paroles qui semblent établir que le grand-chancelier n'est pas non plus convaincu de la vérité de cette opinion vulgaire, qu'il n'y a pas d'homme indispensable.

Exposant les raisons qui ont déterminé le Roi à accepter résolûment la guerre provoquée par la France, il dit en substance : « Cette guerre devait éclater tôt ou tard ; elle était dans la volonté du gouvernement français. Nous sommes parvenus plusieurs fois à en retarder l'explo-

Tel homme, dans la pratique, saura tirer de mauvais outils un excellent parti, et ses traditions lui survivront longtemps. L'inverse se voit plus souvent, et des années parfois s'écoulent avant qu'une personnalité capable réussisse à raffermir sur sa base un édifice que de maladroites pratiques ont ébranlé.

Nous passerons par les mêmes successions que nos héroïques voisins; mais nous avons sur eux cet avantage de partir d'un point moins éloigné, car nous n'avons pas à enfanter péniblement un programme perfectible d'année en année. Nous pouvons, par l'examen de ce qui se passe près de nous, en tracer un complet; il suffit que nous le mettions en œuvre de suite, et les hommes d'expérience et de talent ne nous font pas défaut.

Les points de l'organisation prussienne que nous venons d'examiner ont toutes nos sympathies.

Il en est d'autres que nous allons étudier, et sur

sion; mais lorsque, en 1870, elle fut reconnue inévitable sans des sacrifices douloureux pour l'Allemagne, nous considérâmes que, dans l'intérêt du monde, il fallait en finir, *d'autant plus que nous avions les hommes sous la main !* »

Cette allusion à de Moltke et aux éminents généraux qui ont conduit la Prusse à des victoires sans exemple dans les annales de l'humanité, prouve à l'évidence que M. de Bismarck n'est pas persuadé que chaque génération produit, à l'instant critique, les hommes capables de mener au port les destinées des nations.

l'adoption desquels nous nous prononcerons avec la même franchise.

Les candidats à l'état-major (ou, si l'on veut, à l'école de guerre) sont choisis dans toute l'armée parmi les lieutenants qui ont trois années de services effectifs. A cause des épreuves considérables et incessantes auxquelles on soumet les récipiendaires, ainsi que des exigences qui poursuivent l'officier d'état-major pendant toute sa carrière, il ne se présente que des jeunes gens « ambitieux, intelligents et travailleurs. » Nous citons le colonel Stoffel, dont les termes ont une portée très-remarquable.

Il importe tout d'abord d'établir que, en Prusse, l'organisation politique n'est pas la même que chez nous.

En premier lieu, nous rencontrons le service obligatoire, tempéré par l'admission des volontaires d'un an. Les hommes qui n'ont pas l'intention de parcourir la carrière militaire, quittent l'armée une fois leur temps de service accompli.

Il en résulte que les corps d'officiers ne peuvent se recruter que parmi les cadres des régiments, et qu'il n'existe pas d'école militaire, semblable à la nôtre, faisant presque uniquement appel aux jeunes gens de la vie civile. Les nominations aux grades d'officiers ne portent donc que sur des sujets comptant déjà un certain temps de service dans les régiments.

De plus, l'instruction obligatoire sous la direction

de l'État forme des générations possédant relativement des connaissances plus étendues et moins superficielles que chez les peuples où cette instruction n'existe pas.

A ces deux points de vue, les ressources de l'État pour pourvoir aux nombreux emplois d'officiers sont, en Prusse, plus abondantes et plus parfaites que partout ailleurs.

L'instruction n'est pas non plus négligée sous les drapeaux, et le jeune homme désireux de parvenir doit répondre à des conditions d'aptitude intellectuelle plus satisfaisantes que celles que font acquérir, en France et en Belgique, la routine du service intérieur et l'étude exclusive du règlement de manœuvres.

Il est à remarquer enfin que, en Prusse, la classe sociale supérieure, celle que j'appellerai gentilhommière, possède une éducation plus sérieuse que chez les peuples latins. Les visées et les ambitions des hommes de cette classe sont autrement dirigées que chez nous, où, à part quelques rares exceptions, dominent la niaiserie et la légèreté d'esprit. Notre aristocratie vit, en général, dans l'oisiveté et n'accorde qu'une médiocre estime aux travaux intellectuels.

Pour toutes ces raisons, la recherche des éléments capables de fournir de bons sujets à l'état-major, ne peut, en Prusse, se faire que parmi les jeunes officiers des régiments et armes, lesquels ont acquis déjà, outre une certaine pratique du service, une somme de connaissances scientifiques et militaires plus grande que ce que l'on rencontre dans la majeure partie des jeunes gens admis dans nos écoles militaires.

Pris à cet état, les candidats sont soumis, durant une douzaine d'années, à des études plus ou moins coûteuses, en même temps qu'à des devoirs de représentation qui nécessitent des ressources pécuniaires personnelles et une certaine position de famille.

Toutes considérations d'aptitude étant donc mises à part, on arrive forcément à cette conclusion que, en Prusse, l'organisation de l'académie de guerre est une institution aristocratique d'où la classe démocratique, c'est-à-dire l'honnête et modeste bourgeoisie comme celle à laquelle nous nous faisons honneur d'appartenir, est exclue presque forcément. En Prusse, cet état de choses ne porte aucun préjudice à la bonne composition de la tête de l'armée, ainsi que nous l'avons fait observer, et la marche de l'État n'est pas enrayée par le fait que des personnalités, très-remarquables sans doute, de la classe moyenne, n'auraient pas eu l'occasion de percer. En Belgique, il n'en serait pas de même : la classe démocratique seule, en ce moment du moins, tient la corde de l'avenir ; et, si nous adoptions complétement l'organisation prussienne, force nous serait de mettre pécuniairement les candidats à même, pendant la longue durée de leur stage, de faire face aux obligations que leur imposent le souci de la dignité de leur position future, les relations qu'ils doivent former pour le prestige de leur arme, et l'étendue des dépenses auxquelles les astreignent leurs études et leurs travaux.

Voilà un premier point établi.

———

Nous avons dit quel était, comme instruction, le point de départ des candidats admis à l'école de guerre. Rectifions tout d'abord une erreur dans laquelle le public tombe généralement.

« Tout lieutenant, quelle que soit son arme, dit la loi prussienne, a la faculté, après trois années de grade passées au régiment, de s'offrir pour entrer à l'académie (1). »

La dénomination des grades, dans l'armée prussienne, et la nomination aux grades d'officiers ne sont pas conformes à notre organisation. Là, il n'y a pas de sous-lieutenant ; tous sont lieutenants (en premier ou en second) issus du régiment même.

Il s'ensuit que les « lieutenants qui comptent trois années de grade passées au régiment » sont des jeunes gens pleins d'ardeur et d'illusions encore, possédant la plénitude des facultés intellectuelles qui permettent d'aborder les études ardues. Ils sont quelque chose enfin comme nos sous-lieutenants de l'école d'application.

(1) Voir le Rapport du colonel Stoffel.

A prendre à la lettre l'organisation prussienne, on arriverait chez nous, à faire choix, pour leur donner l'instruction spéciale d'officiers d'état-major, d'officiers d'une trentaine d'années (1), devenus bons praticiens, si l'on veut, mais déshabitués du travail, ayant perdu de vue les éléments et placés déjà sous l'action d'un germe de lassitude engendré par les mécomptes du service du régiment et de la vie de garnison. On peut affirmer sûrement que, s'ils acquièrent une certaine dose d'instruction technique, dont l'armée tirera toujours quelque profit sans doute, ils n'offrent pas en eux-mêmes les ressources propres à constituer un état-major analogue à l'état-major prussien.

« L'académie de guerre, dit le colonel Stoffel, est une école d'enseignement militaire supérieur, sans égale en Europe, tant par le mérite des professeurs que par la nature et l'étendue des études... Je me dispense... de donner le programme complet des études. Je dirai seulement qu'il embrasse les branches suivantes : tactique (théorique et appliquée); histoire des guerres; armement; fortifications passagère et permanente; histoire des siéges; levers de terrains (théorie et pratique); ser-

(1) En effet, dans les circonstances les plus favorables, on obtient communément l'épaulette de sous-lieutenant à vingt ans; on passe en moyenne six années dans ce grade; ajoutons trois années de grade de lieutenant : voilà vingt-neuf ans (minimum).

3

vice de l'état-major ; géographie militaire ; administration ; — et, comme sciences accessoires : les mathématiques ; la géodésie ; l'histoire universelle ; la littérature ;
les éléments de philosophie ; la géographie générale ; la
chimie ; la physique expérimentale ; enfin les langues
française, anglaise et russe. »

Nous ignorons absolument le mode de répartition du
temps d'études, les obligations journalières imposées
aux élèves, ainsi que l'extension donnée par chaque pro-
fesseur aux matières qui sont de son ressort. Mais, à
en juger par le caractère allemand, très-pratique et
très-positif, il n'est pas douteux que les élèves sont ob-
servés attentivement pendant toute la période scolaire,
de façon que l'on acquière la certitude de leurs aptitudes
et de leur assiduité (1).

Pour obtenir sur cette école des données plus exactes,
qui permissent de lui comparer les écoles étrangères
similaires, il faudrait que, en personne, on pût la voir
fonctionner pendant quelques mois.

(1) « Il n'y a pas d'examen, » dit le colonel Stoffel. De cette assertion on tire des conclusions foncièrement erronées.

Remarquons combien il est impossible que M. de Moltke forme son
opinion sur chaque individu, autrement qu'en prenant pour première
base les appréciations des divers chefs et professeurs entre les mains
desquels passent les candidats. Cette pratique est suivie également
dans nos écoles militaires. Un examen général et final devant un jury
composé d'officiers étrangers à l'établissement, n'est nullement indispensable ; il est plutôt désavantageux aux bons élèves. Sa raison d'être

Le mérite relatif des professeurs militaires des divers pays vis-à-vis des maîtres de l'école allemande, ne peut également bien s'apprécier que par une audition consciencieuse des uns et des autres.

Ce que nous disons ici n'a nullement pour objet de contester le bien-fondé des termes élogieux que l'on s'accorde à adresser aux professeurs de l'académie de guerre. Les résultats de leur enseignement sont des plus frappants. Le mémorable tracé du plan de campagne dans les guerres de Bohême et de France; l'exécution hardie de ces marches qu'aucun détail d'administration n'a pu faire avorter ni retarder, témoignent, en effet, d'une profondeur de vue et d'une sûreté de jugement qui sont le meilleur critérium de la haute capacité de ce corps enseignant.

Mais l'admiration que font naître en nous les talents que nous découvrons chez nos voisins, a souvent pour effet, si elle s'épanche librement, de rapetisser, aux yeux du vulgaire, le mérite et la valeur de nos propres compatriotes. C'est là un travers qu'il importe d'éviter et,

est le besoin d'une garantie d'impartialité que l'on veut donner aux élèves, prédisposés à croire, à tort ou à raison, qu'ils peuvent avoir été mal appréciés par leurs chefs immédiats.

Nous sommes donc persuadé que M. Stoffel entend parler d'un examen *final* décidant du rejet ou de l'acceptation des candidats ; mais il n'a pu vouloir dire qu'il n'y a pas d'examens partiels dans le courant des trois années d'études. *Ces examens existent* en effet, et il suffit, pour s'en convaincre, de consulter l'instruction officielle publiée par le gouvernement prussien en 1868.

pour notre compte, nous ne pouvons nous empêcher de reconnaître aussi quelque autorité, quelque sagacité à la plupart des hommes qui, se dévouent, en Belgique, à la mission ardue de développer l'instruction, l'intelligence et le jugement de nos candidats officiers ; nous affirmons même que plusieurs d'entre eux ne le cèdent en rien aux professeurs d'Outre-Rhin.

Ces réserves faites, nous dirons que nous ne voyons pas grande disproportion entre le programme de l'école de Berlin et celui auquel devaient satisfaire nos officiers d'état-major sous l'empire de la loi de 1853 (1). En effet, sauf la connaissance des langues, laquelle, malgré son caractère essentiel, est malheureusement fort négligée en Belgique dans l'éducation, parce qu'on s'est laissé pénétrer de l'insouciance française, on cultive, dans notre école militaire, toutes les matières qui se trouvent dans le programme prussien et peut-être même quelques autres qui ont une certaine importance.

Nous en dirons autant du programme de notre jeune école de guerre, qui en est à ses débuts, et *dont le personnel enseignant s'est formé précisément à l'école d'application des armes spéciales*, COMME TOUTE LA GÉNÉRATION D'AVENIR DE NOTRE ARMÉE.

---

(1) Il s'agit ici du programme scientifique. Quant aux travaux pratiques, auxquels on soumet les officiers d'état-major après leur sortie de l'école de guerre, il est incontestable que, en Prusse, ils comportent des développements inconnus en Belgique.

Il est une observation très-intéressante à faire à l'occasion du programme prussien. Certaines branches d'instruction sont qualifiées de « accessoires (1), » par le colonel Stoffel. Pour la majeure partie des personnes, ce mot *accessoires* équivaut à *secondaires*; et il est positif que, dans l'application, le plus grand nombre des élèves se comportent de façon à justifier la supposition de l'existence d'une erreur aussi évidente. Est-ce que l'histoire, les mathématiques, la géographie et surtout la *littérature* peuvent n'avoir qu'une importance secondaire pour un homme qui a l'ambition d'occuper une position exceptionnelle dans l'Etat? Nous osons affirmer qu'en Prusse, le mot *accessoires* n'est pas interprété de cette manière, et nous doutons que le colonel Stoffel eût dit, en parlant des officiers d'état-major prussiens, avoir trouvé en eux des hommes « sérieux, pleins d'instruction et de jugement, » s'il n'eût reconnu qu'ils étaient versés dans la littérature allemande, ainsi que dans les sciences et dans la connaissance des langues étrangères.

Personnellement, je ne me pique pas d'être érudit sous le rapport des langues. Aussi ne fais-je pas une réclame. Je constate une nécessité, d'autant plus impérieuse que les études littéraires sont en général fort négligées chez nous, et que nombre de jeunes gens, qui aspirent à un

(1) Il en est de même, d'ailleurs, dans les programmes de nos écoles militaires.

brillant avenir, ne sont positivement pas en état de développer leurs pensées avec quelque méthode, et seraient
fort empêchés d'écrire un rapport sur des circonstances
auxquelles ils auraient pris part ou sur des faits qui se
seraient déroulés sous leurs yeux.

Mais je vais plus loin. C'est que la connaissance des
hautes mathématiques, de la mécanique, de la chimie,
de la physique, etc., n'a rien de secondaire dans un bon
système d'études; quoique nous concevions fort bien
que, le plus souvent, les études étant terminées et la
carrière en voie d'être parcourue, l'on n'aura pas fréquemment l'occasion de faire l'application des sciences
positives que l'on aura apprises. Mais pour s'assou-
plir, pour s'exercer au raisonnement, à la discussion,
pour marcher à coup sûr vers la conclusion logique
de toute question soumise à son examen, l'esprit
demande un apprentissage tout particulier, et cet apprentissage ne peut mieux se faire que par le jeu des
démonstrations positives.

Nous ne prétendons pas que cette étude crée le
jugement. On ne peut créer ce que l'on ne porte pas en
soi. Mais elle le développe, le mûrit et lui procure des
ressources qui lui permettent de s'exprimer avec sûreté
et facilité.

Il nous semble donc que, dans le cas présent, tout
bon système d'éducation comporte en premier lieu
l'étude sérieuse des sciences mathématiques, en tempé-

rant ce que cet enseignement peut présenter d'aride et de fatigant pour l'élève, par celui des sciences expérimentales ou d'observation (physique, chimie, géologie, etc.), des littératures, de l'histoire et de la géographie, de l'astronomie, la géodésie, la topographie, etc.

C'est ici que le mot *accessoires* trouve heureusement sa place. Sauf la connaissance de la langue maternelle, dont l'usage est de tous les instants, les matières ci-dessus dénommées ne seront qu'*accessoirement* d'application pour l'officier d'état-major ; mais l'officier sera mieux formé, et bien des faits et des théories que tout homme du monde doit posséder, s'il ne veut être déclassé, ne lui seront pas inconnus.

Ces études ont encore un autre avantage, c'est de mettre à l'épreuve la ténacité et l'assiduité du candidat ; c'est également de permettre aux professeurs qui suivent l'élève pas à pas, de juger du degré de son intelligence. Certes, on peut être parfait soldat et ne rien comprendre à la trigonométrie ou à la mécanique, ou ne pouvoir reconnaître les éléments servant à la préparation de la poudre, si les bocaux qui les renferment ne sont pas étiquetés. Mais j'estime que de deux candidats, dont l'un possède très-bien toutes les matières dites accessoires, ce dernier, *travailleur éprouvé qui s'est assimilé un programme plus vaste*, sera un officier plus distingué, plus habile, en un mot plus complet que son camarade.

Guidé par un raisonnement que nous avons la confiance de croire fondé, nous aboutissons donc, et cela sans parti pris, à cette conclusion qu'il importe, avant toutes choses, si l'on veut un bon recrutement pour une école d'officiers d'état-major à l'instar de celle de Prusse, que les candidats passent par une sorte d'école préparatoire dans laquelle ils reçoivent, avec le développement obligé, l'enseignement des cours accessoires compris dans les programmes de l'académie de guerre de Berlin (1) et de notre école de guerre.

Viendra ensuite l'éducation principale ou technique propre à former l'officier d'état-major sous le rapport militaire, et qui consiste dans l'étude de : l'histoire de l'art militaire, la tactique théorique et appliquée, l'armement ou l'artillerie, les fortifications passagère et permanente, la géographie militaire et la stratégie, l'histoire des guerres, l'histoire des siéges, le service de l'état-major avec l'administration, la justice militaire, la philosophie ou le droit des gens, les constitutions militaires des États, etc.

—

En énonçant cette doctrine, nous savons d'avance que nous nous exposons au reproche de préférer les « sa-

(1) Le programme de Berlin comporte des branches *obligatoires* et des branches *facultatives*. C'est cette distinction qui, sans doute, a donné lieu à la qualification erronée admise dans nos contrées. L'expression de : matières obligatoires, ne semble pas exiger une définition.

vants » aux officiers réellement pratiques, qui *semblent* seuls convenir au commandement supérieur pendant la paix et la guerre.

Il faut s'entendre. Nous voulons que les officiers desquels doit dépendre la bonne direction de l'armée, possèdent des connaissances variées, notamment en sciences, en littérature, en histoire, etc. Nous avons dit pourquoi, et nous le répétons avec une conviction qu'il faudrait des arguments bien nouveaux pour ébranler. L'instruction scientifique forme le jugement et donne au tempérament ce fonds sérieux qui fait l'homme réfléchi; l'absence ou l'insuffisance d'une semblable instruction contribue, au contraire, à le rendre superficiel, léger, dépourvu de logique, — à peu d'exceptions près.

D'autre part, nous admettons résolûment l'influence prépondérante sur l'armée, de la présence dans ses rangs d'officiers même ne possédant qu'une instruction exclusivement scientifique, parce que toutes les branches de l'art militaire, et des principales, ne peuvent prospérer et progresser que par la science et, en conséquence, par ceux qui la possèdent.

Celles dites facultatives sont offertes à l'élève qui, au commencement de l'année d'études, doit indiquer celles qu'il désire étudier plus spécialement. Dès cet instant, la matière objet de ses préférences *rentre dans la catégorie des branches obligatoires,* tandis que les autres branches facultatives sont censées ne pas exister pour lui.

Cependant nous ne recommanderions pas de confier la haute direction des troupes aux officiers de cette catégorie qui *auraient négligé,* dès leur sortie des écoles, la pratique du métier, ni à ceux qui auraient perdu la résolution et l'esprit de décision nécessaires. Mais nous n'hésiterions pourtant pas à les choisir pour chefs de services spéciaux, de préférence aux officiers purement praticiens, l'instruction qu'ils possèdent étant une forte présomption que, mieux que ces derniers, ils se façonneront promptement à leurs fonctions et sauront prendre, dans les affaires de guerre, une détermination saine et une initiative qui préparent le succès.

Du reste, la difficulté d'option ne sera jamais un embarras, les officiers devenus étrangers à l'armée pour s'adonner seulement au progrès des sciences étant, tout naturellement, d'une grande rareté.

En d'autres termes, nous dirons qu'il est incontestable, selon nous, que, à tous les degrés de l'échelle militaire, plus l'homme est instruit, plus tôt et plus parfaitement il se forme ; plus aussi il a de ressources en lui-même pour faire face à ses devoirs.

————

De fait, nos propositions s'écartent à la fois de l'organisation de notre école militaire et de celle de notre école de guerre. La nuance est assez sensible. Mais la différence s'accusera mieux encore par la suite.

Chez une grande nation comme la Prusse, les hautes intelligences aptes au recrutement de la tête de l'armée abondent.

A cela, il y a diverses raisons :

Premièrement, la verdeur de la race, trempée pour de brillantes destinées. C'est à ce peuple que l'on peut appliquer ce proverbe : « Le fer pèse plus que l'or dans les destinées des nations. »

En second lieu, l'instruction obligatoire, secondée par cette qualité native, a créé dans toutes les classes de la nation prussienne, ainsi que nous l'avons déjà dit, un état social plus perfectionné que chez nous et qui a pour conséquence d'élever le niveau intellectuel de l'armée.

Enfin, l'influence du service personnel obligatoire sur l'état moral, la fierté et l'amour de l'indépendance de l'Allemand, décide de vocations qui, sans cette législation, tendraient peut-être vers d'autres buts.

Par contre, nous devons avouer que les peuples latins ont beaucoup perdu. L'apathie, l'égoïsme et l'avidité des jouissances matérielles — seules aspirations qui dirigent leurs actes — sont des symptômes qui dénotent leur état de sénilité.

Ajoutons à ce qui précède que, toutes proportions de territoire et de population gardées, il faut à un petit pays, pour obtenir la dose de cohésion nationale que possède un État de premier ordre, un plus grand nombre d'hommes d'élite qu'à ce dernier, et nous reconnaîtrons que les ressources sur lesquelles la Belgique devrait compter pour présenter en ligne, à tout instant, une armée aussi bien commandée que l'est celle de la Confédération du Nord, seront, en général, des plus difficiles à découvrir.

Pour y parvenir, il n'est qu'un moyen de réussite, c'est celui qui existe déjà ; mais il faut lui donner l'extension la plus large en attirant toutes les capacités de chaque génération, par la perspective d'un accès assuré et rapide aux premières positions de l'armée. Le système démocratique est le plus équitable ; de plus, il est commandé, chez nous, par l'organisation sociale et, aussi, par l'impossibilité presque absolue de se pourvoir ailleurs.

Dans nos causeries avec diverses personnes, il nous est arrivé fréquemment, lorsque nous déplorions le mauvais lot qui est le partage des officiers des armes spéciales, et même des meilleurs, en regard de la situation avantageuse faite à toute une catégorie d'officiers des armes de ligne — lesquels arrivent aux positions d'officiers supérieurs, et bientôt de chefs de corps et de généraux, sans avoir fait d'études ou après n'en avoir fait, disons-le poliment, que de bien superficielles — il nous est arrivé, dis-je, d'émettre l'opinion que l'école d'état-major, du génie et de l'artillerie devrait être unique, en ce sens qu'il ne devrait y avoir, pour ces trois armes, aucune section de programme distincte. Dans notre pensée, les bons sujets de chaque promotion entière seraient désignés comme candidats d'état-major pour servir successivement dans les armes de ligne et les armes spéciales.

Après un stage de six années, les officiers ayant fait preuve d'aptitude devant la troupe et d'entente dans le service des états-majors, recevraient, quel qu'en fût le nombre, un brevet définitif d'officier d'état-major. Ils resteraient habituellement détachés dans les quatre armes, en y exerçant les commandements de leurs grades, et seraient appelés dans les états-majors périodiquement et en raison des besoins. Une loi leur donnerait le privilége du premier choix dans l'avancement, afin qu'ils ne fussent jamais devancés par des officiers n'ayant pas satisfait aux mêmes épreuves. Ils ne seraient dépassés, à leur tour de nomination, que pour des raisons de conduite clairement spécifiées, ou pour la perte des qualités qui rendent propre au service actif.

Les autres officiers stagiaires seraient, à leur choix, répartis dans l'artillerie ou le génie, avec leur rang de classement et tous leurs droits primitifs.

Sans contredit, dans ce projet, il y avait déjà quelque chose du principe prussien : nous ne nous en défendons pas.

Nous devons convenir que nos idées n'ont jamais eu de succès ; taxées d'utopies, elles n'ont pas fait de prosélytes.

Nous croyons cependant que, en leur temps, elles étaient bonnes.

Mais ce fut pour nous, tout récemment, une douce satisfaction de voir un homme dont le nom, inconnu hier, est gravé aujourd'hui dans l'histoire, émettre une opinion dont s'approche beaucoup l'essence de nos préférences passées. M. le général Faidherbe, signalant, à la fois, la grande pénurie des armées françaises en officiers d'état-major, après les défaites, et le manque de capacités du petit nombre de ces officiers qu'il avait connus, dut dresser à ces fonctions des officiers du génie, dont il tira les meilleurs services.

Fort de cette expérience, il propose, dans son projet de réorganisation, de supprimer, en tant que corps, le corps d'état-major et d'en faire tenir les emplois par les officiers les plus intelligents de l'artillerie et du génie, c'est-à-dire de ne plus recruter l'état-major que d'officiers prélevés sur ces deux dernières armes.

Mettant de côté tous détails d'application qui importent peu au principe, nous voyons donc le général Faidherbe, confirmant ainsi la sagesse des avis du colonel Stoffel, amené à rechercher pour les fonctions d'état-major, « lesquelles n'admettent pas la médiocrité, mais exigent le plus d'activité, le plus de jugement, les connaissances les plus étendues (1) », les officiers qui ont donné des preuves « d'un jugement sain, d'un goût prononcé au travail (1) »; et ces officiers, il va les prendre parmi les bons sujets sortis des écoles spéciales et servant dans l'artillerie et le génie.

Bien que se présentant sous une forme différente, la proposition du général Faidherbe est semblable, au fond, à la nôtre, et elle donne à celle-ci une valeur que nous n'avions jamais espérée.

———

Les développements dans lesquels nous sommes entré, jusqu'ici, n'ont eu pour objet que de bien isoler les principes de l'organisation prussienne et, par suite, de mieux en faire comprendre le mécanisme à leur état de combinaison.

Nous avons procédé dans cet examen comme on le fait en chimie pour reconnaître les propriétés des composés, et nous ne doutons pas que le lecteur n'ait saisi, sans difficulté, la marche de l'analyse à laquelle nous nous sommes livré.

Avant d'aborder nos conclusions, il importe que nous signalions certaines améliorations ou innovations — introduites déjà, effectivement ou en principe, — qui toutes tendent vers la réforme intellectuelle de

———

(1) Termes dont se sert M. le colonel Stoffel.

l'armée. Elles sont le complément indispensable de notre jeune école de guerre :

A. Les écoles régimentaires, source d'une bonne composition des cadres, sont réorganisées sur de meilleures bases.

B. Une école spéciale va recevoir les sous-officiers qui aspirent à être promus à la sous-lieutenance.

C. Des examens sont imposés aux lieutenants et sous-lieutenants qui ont l'ambition de figurer sur les états de proposition d'avancement au choix, pour le grade de capitaine.

D. Des conférences sont instituées dans tous les corps pour développer l'instruction, exciter l'émulation et permettre de distinguer les officiers les plus dignes d'être recommandés.

En regard de ces éléments de progrès se produit, dans quelques écrits, une tendance à provoquer du gouvernement la suppression des sections d'infanterie à l'École militaire. Les auteurs de cette proposition nous paraissent être dans une ignorance absolue des services que ces sections rendent au pays et à l'armée. Sans doute, l'armée n'en a pas toujours, peut-être, tiré un bien grand profit ; mais la qualité plus satisfaisante des candidats qui se sont présentés aux examens d'admission depuis quinze ans à peine (1), et, surtout, l'extension

(1) Les armes spéciales ont été, en général, à partir d'une certaine époque, assez délaissées par un grand nombre de jeunes gens d'avenir,

donnée au programme scolaire dans ces dernières années ont porté des fruits, que nul ne pouvait prévoir lors de la formation des premières promotions d'élèves. De ceux qui en sont issus, tous ne sont pas également brillants; mais un grand nombre, certainement, l'emportent à tous égards sur ce que, en général, les armes de ligne avaient reçu antérieurement.

Eh bien! nous ne sommes pas partisan de la suppression de ces sections, c'est-à-dire de la renonciation au recrutement de l'infanterie par la voie de l'école militaire. En effet, ce qui attire dans l'armée les sujets laborieux, aux aptitudes faciles, c'est la certitude d'acquérir l'épaulette d'officier après deux années d'études. La perspective de rester cinq à huit ans dans les cadres avant de devenir sous-lieutenants, ne sourit qu'aux jeunes gens qui ne sont pas suffisamment bien doués. En outre, le jeune homme, même peu intelligent, qui triomphe des difficultés de l'école et entre dans un régiment comme officier, est devenu, nous semble-t-il, supé-

à cause de la lenteur excessive de l'avancement dans ces armes, subi par leurs prédécesseurs après quatre années de bien dures épreuves. C'est un fait indiscutable que, avant la dernière réorganisation de l'artillerie, les sections d'infanterie avaient attiré d'excellents sujets, prisant plus les avantages de position rapidement acquis que l'importance du bagage scientifique. Mais le nouvel essor donné aujourd'hui à l'avancement dans les armes spéciales, influe notablement sur la composition des sections d'infanterie. Ce mouvement de bascule se remarquera tant que renaîtront les causes qui le produisent.

rieur à ce qu'il aurait été si, fuyant l'instruction, il s'était enrôlé sous les drapeaux.

Tels sont les deux principaux points de vue sous lesquels il y a lieu d'envisager la question des sections d'infanterie, et, quelque soit celui que l'on adopte, l'infanterie n'a qu'à gagner à leur maintien. Toutefois nous croyons à la nécessité de leur transformation, et le mode que nous préconisons sera rendu intelligible par la lecture des pages qui vont suivre.

PROJET D'ORGANISATION.

Les changements de législation ne feront pas surgir, dans les diverses branches enseignées ou à enseigner, des professeurs éminents ; nous en convenons en toute sincérité. Dans plusieurs d'entre elles déjà, des hommes de mérite se sont produits, et il n'y a pas de raison pour qu'il ne s'en rencontre pas d'autres à mesure que les besoins de la diffusion de l'instruction deviendront plus impérieux.

Mais les changements de législation peuvent avoir pour résultat : de fixer avec précision, et selon un mode offrant le plus de garantie, la réglementation du travail journalier ; d'adopter une meilleure coordination dans la succession des matières ; et, finalement, de permettre la surveillance incessante du jeu de l'institution sur le développement du caractère et des aptitudes de l'élève.

En somme, voici les bases sur lesquelles nous établirions notre Académie militaire, ou École de guerre, ou École militaire (1) (le titre importe peu), en confondant en une seule institution notre école militaire actuelle, sections des armes spéciales et de l'infanterie comprises, et notre école de guerre de récente formation.

I. Nul, sauf actions d'éclat à la guerre ou le cas d'exception dont il est parlé à l'article VIII ci-après, n'aura l'espoir fondé d'arriver, dans aucun service, à la position de lieutenant-colonel, colonel ou général, s'il n'a satisfait complétement à tout le programme théorique et pratique de l'Université militaire.

Sont réputés avoir satisfait à ce programme les officiers qui, pour le moins, se trouvent dans les conditions de l'article IV.

II. Dans l'état actuel de nos forces, le recrutement annuel moyen en officiers est de 80 environ. En conséquence, un concours sérieux sera ouvert, annuellement, pour prononcer l'admission de 80 candidats-officiers pour toutes armes.

III. La durée TOTALE des épreuves sera de six années, ainsi réparties :

A. Les études des deux premières années comporte-

(1) Pour éviter la confusion dans la suite de notre exposé, nous lui donnerons, sans y tenir absolument toutefois, le titre d'UNIVERSITÉ MILITAIRE.

ront les branches scientifiques et quelques-unes de leurs applications, les sciences expérimentales et d'observation, la littérature, l'étude des langues étrangères, les règlements militaires et les exercices d'infanterie.

Les élèves qui, à l'expiration de la première (ou de la seconde) année, seraient jugés hors d'état de poursuivre avec fruit leurs études, seront incorporés, en tenant compte de leurs désirs et de leur aptitude, dans les régiments des diverses armes, où ils feront trois (ou deux) années (1) comme sous-officiers, avant de recevoir l'épaulette. Ceux, au contraire, qui seront sortis honorablement de ces premières épreuves seront nommés sous-lieutenants.

B. En troisième année, les sous-lieutenants élèves recevront l'enseignement des cours militaires élémentaires, c'est-à-dire dont la connaissance est indispensable à tout officier; ils seront exercés en outre aux ma-

---

(1) On peut estimer à quinze ou vingt places de sous-lieutenant ce qui, dans toutes les armes, resterait à la disposition des sous-officiers purs, parmi lesquels nous comprenons les jeunes gens rentrant dans le cas de notre article III, litt. A, alinéa 2. Mais nous voudrions qu'il fût de règle que les sous-officiers des corps qui n'appartiendraient à aucune des catégories suivantes : 1° avoir subi un examen *convenable* devant le jury d'admission à l'école militaire, sans cependant s'être trouvé au nombre des admissibles ; 2° avoir échoué, après admission, à la fin de la première ou de la seconde année d'études, — ne pussent recevoir l'épaulette de sous-lieutenant avant d'avoir accompli au moins cinq années de service, soit une de plus que ces derniers. Le motif de cette mesure se laisse aisément apercevoir.

nœuvres de l'école de bataillon et à l'école du cavalier. L'étude des langues se continuera pendant tout leur séjour à l'école.

Les travaux de cette troisième année décideront de l'admission des sous-lieutenants élèves aux cours supérieurs. Il sera fait, parmi ces officiers, choix des 30 ou 40 plus capables; les autres entreront avec leur ancienneté dans les troupes de ligne.

C. Les sous-lieutenants maintenus à l'école recevront la suite du programme, en y comprenant l'équitation, les manœuvres de bataillon et les écoles d'escadron et de batterie (1). Dans cette nouvelle période d'instruction, qui durera deux ans, ils seront exercés à des travaux d'artillerie et du génie.

A la fin de la cinquième année d'études, il sera procédé au classement définitif des officiers de cette fournée, et les 8 ou 10 d'entre eux, qui tiennent la tête de la liste, seront, pour autant qu'ils en aient l'aptitude physique et possèdent l'éducation première voulue, promus lieutenants au choix et nommés provisoirement officiers d'état-major.

Les sous-lieutenants qui ne comptent pas au nombre des admis seront diplômés comme possédant les capacités requises pour les armes spéciales. Ils seront ré-

---

(1) A cet effet, des unités effectives de la garnison seront mises, d'une façon permanente, à la disposition de l'école.

partis dans les troupes de bataille, selon leurs conve-
nances et les besoins du moment, dans l'ordre de
préférence suivant : armes spéciales, infanterie, cavalerie. Ils conserveront de droit, pour l'avancement, le
pas sur leurs collègues envoyés dans les troupes en
vertu du litt. *B,* alinéa 2, ci-dessus.

L'appréciation du mérite des élèves, tant sous le
rapport du succès dans les études que sous celui des
qualités physiques qui les rendent propres à tel ou tel
service, sera, à la fin de chacune de ces cinq années
scolaires, arrêtée sur les notes individuelles des officiers directeurs des études et des professeurs, combi-
nées en réunion générale. Des examens par-devant un
jury pourront, du reste, être institués, si on le juge
utile.

D. Dans la sixième année d'études, les officiers
choisis pour l'état-major recevront, plus particulièrement, l'instruction spéciale à ce service et feront, sur le
terrain, l'application de tout ce qui peut leur incomber
en campagne.

IV. A l'expiration de cette dernière période, les officiers candidats à l'état-major serviront deux ans dans
l'infanterie, un an dans l'artillerie, un an dans la cavalerie. Ils pourront, à leur demande, ou selon les circonstances, être attachés à un service du génie.

Pendant leur stage, ils participeront au service du
régiment dont ils font partie et tiendront la correspon-

dance administrative dans les bureaux des colonels (1). Ils resteront soumis cependant au comité du corps d'état-major qui, chaque année, exigera d'eux un travail sur un sujet donné, et un autre travail à volonté.

Ils seront également employés dans les bureaux d'un état-major général, de préférence pendant les deux années qui suivent les deux premières de leur stage dans les armes de bataille.

V. Ceux de ces officiers qui, pendant la durée des épreuves prescrites par l'art. IV, auront continué à

(1) Nous disons administrative — et non pas financière ou de comptabilité. Il est indispensable qu'il en soit ainsi, car nos officiers sont, généralement, très-ignorants des dispositions administratives et témoignent, par une tradition irréfléchie, un dédain que rien ne justifie pour le journal militaire officiel.

Une armée ne peut se peupler, se former, se mouvoir et combattre que par l'action de deux outils qui fonctionnent simultanément à toute heure : l'administration, l'art militaire. L'administration n'est pas la comptabilité; mais la comptabilité est une branche de l'administration, pour laquelle il y a des agents spéciaux : officiers payeurs, quartiers-maîtres, intendants ou commissaires aux revues, etc.

La partie la plus vaste et la plus importante de l'administration est tout autre chose que la comptabilité : recruter; envoyer aux dépôts; habiller; armer; nourrir; faire marcher; disperser dans les corps; mettre les corps en mouvement; prévoir les besoins en approvisionnements; confectionner et tenir en état, pour les transports, un matériel roulant; assurer les distributions journalières; pourvoir aux soins à donner aux malades et blessés; indiquer en conséquence les lieux, l'importance et la composition des magasins et hôpitaux; etc.; etc.; c'est administrer. La comptabilité ne vient qu'ensuite.

Chacun de ces détails est réglé, originairement, par un code unique qui se voit modifié, amélioré, transformé incessamment par des instruc-

fournir les preuves de capacité, de conduite et de caractère désirables, seront nommés capitaines après cinq années, au plus, de grade de lieutenant.

Les autres entreront dans une arme à leur choix et continueront à suivre la destinée des officiers de cette arme.

tions, lesquelles forment, dans l'armée, un répertoire naturellement volumineux.

Dans tout département civil, les fonctionnaires et chefs de service *connaissent*, consultent et appliquent les dispositions enregistrées à leur recueil administratif.

Dans l'armée, et malheureusement beaucoup d'officiers d'état-major versent dans la même erreur, on délaisse notre répertoire sans l'avoir étudié, en prétextant le fouillis inextricable qu'il présente. Le colonel s'en rapporte à son quartier-maître ; l'officier d'état-major ne fait rien sans consulter l'intendant qui, de la sorte, est devenu le légiste de l'armée.

C'est, du reste, l'imitation religieuse du système français.

Il s'ensuit que l'officier n'administre plus du tout selon la signification de ce mot, et cette haute branche du fonctionnement de l'armée, abandonnée par les généraux, les chefs de corps et l'état-major, est passée entièrement aux mains des officiers de l'intendance qui, de comptables et de trésoriers, sont devenus une sorte d'officiers d'état-major, sans posséder l'instruction technique voulue.

C'est un vice auquel il faut remédier absolument, en remettant, sans tarder, toutes choses à leur place.

On a cru, dans quelques écrits, trouver le correctif à cette situation en réclamant, pour l'intendance, un mode de recrutement autre que celui qui subsiste aujourd'hui.

Ce n'est pas cela.

Le corps de l'intendance a sa raison d'être ; son rôle, restreint dans ses limites naturelles, est déjà considérable et consiste à faire les achats, payer les dépenses et vérifier les comptes. Il demande donc à

Les officiers qui auront été admis à poursuivre leur carrière d'officiers d'état-major, seront brevetés définitivement dans l'arme après l'accomplissement de leur tâche. A partir de ce moment, ils prendront part à tous les travaux de leur spécialité. Ils retomberont, du reste, sous l'empire des coutumes ordinaires pour la consta-

être alimenté à l'aide d'hommes experts dans le débrouillement des chiffres.

En dehors de cette spécialité, toute mesure à prendre, tout ordre de service est relatif à l'organisation, la mobilisation et les mouvements des armées ; trois choses qui nécessitent la connaissance la plus étendue de l'art de la guerre et qui comportent la prévision et la création des moyens d'exécution. Cette mesure, cet ordre sont donc du ressort exclusif de l'homme de guerre. L'intendance intervient, *post factum*, pour régulariser les dépenses.

Impossible à toute une catégorie d'hommes d'avoir le temps d'acquérir, à la fois, les connaissances du Trésorier et du Capitaine. Impossible que les facultés de ces hommes s'impressionnent, simultanément, des vertus qui distinguent l'un de l'autre. Impossible enfin de suffire en campagne, dans la même journée, aux devoirs qui incombent à chacun d'eux.

Le corps de l'intendance, quant à sa composition, a donc été illégitimement critiqué. On l'a laissé seulement se dévoyer en l'investissant d'attributions pour lesquelles il n'est pas fait, et, en le surchargeant, on lui a rendu difficile, chimérique même, l'accomplissement de ses devoirs. C'est à l'état-major à reprendre, dans l'intérêt de l'État, ce dont il n'aurait pas dû se dessaisir, et il évitera les reproches, non mérités, qu'il a encourus l'an dernier pour des fautes qui n'étaient pas son fait, mais qui étaient le résultat d'une confusion d'attributions.

Telle est la raison — et elle nous semble décisive — pour laquelle nous précisons cette partie du service des officiers stagiaires.

tation annuelle de leur aptitude physique, de leur conduite ou de leurs titres.

Communément, ils resteront attachés aux régiments et ne passeront pas plus de trois années consécutives dans les états-majors généraux, divisionnaires ou particuliers.

Le grade d'officier supérieur leur est acquis après sept années passées dans celui de capitaine.

VI. Les officiers supérieurs d'état-major rouleront entre eux pour l'avancement, quelle que soit l'arme à laquelle ils sont attachés. Ils recevront des commandements de leurs grades dans l'infanterie, la cavalerie et l'artillerie, ou même dans les directions du génie, en tenant compte le plus possible, de leurs aptitudes particulières.

VII. Les emplois qui n'appartiennent qu'indirectement aux services ordinaires des corps ou des états-majors, tels que : chefs de service à l'administration centrale de la guerre, dans les services territoriaux ou dans les établissements militaires; aides de camp; envoyés militaires, et autres analogues, sont expressément réservés :

Comme premier choix, aux officiers qui ont satisfait à tout le programme, c'est-à-dire aux officiers d'état-major;

Secondement, à ceux qui ont fait l'objet de la dernière épuration, conformément à ce qui est dit à l'article V, alinéa 2;

Troisièmement, à ceux qui ont obtenu le diplôme de capacité conformément à l'article IV, litt. *C*, alinéa 3.

VIII. Disposition spéciale. Si, parmi les officiers de troupes qui n'ont pas été soumis aux conditions d'éducation militaire énoncées ci-dessus, ou qui, après essai, en ont été éliminés pour cause d'insuccès, il en est chez lesquels on vient à reconnaître que des qualités remarquables se sont dévoilées par la suite, les chefs de corps et les généraux les signaleront à l'attention du comité d'état-major, qui pourra les attacher provisoirement à un service d'état-major et leur donnera des travaux à exécuter et des questions à traiter.

D'après les résultats de ces épreuves, le comité proposera un arrêté :

— qui prononce leur admission dans le corps avec l'ancienneté dont ils sont revêtus dans le moment ;

— ou qui leur accorde le bénéfice de l'exception prévue à l'art. I ci-dessus ;

— ou qui rejette purement et simplement leurs prétentions.

IX. Disposition transitoire. Afin de faire comprendre la teneur et la portée de cette disposition, quelques mots d'explication ne seront pas déplacés.

Toute organisation nouvelle, quelle qu'elle soit, dont l'éducation de la jeunesse serait le point de départ, fût-elle même mise à exécution demain, ne portera tous ses fruits qu'après un laps de temps assez long. En en estimant la durée à vingt-cinq ans, ce n'est pas trop présumer.

Mais les circonstances sont pressantes, et il importe d'avoir sous la main, le plus tôt possible, des ressources sérieuses qui nous font défaut.

Au moment de la guerre, il sera trop tard, car nous n'avons pas, comme la France, les avantages de la population, et surtout de l'étendue, pour créer armée, officiers et matériel, presque sous le feu du canon (1).

Il y a donc lieu d'établir un régime transitoire, et nous n'en découvrons la base que dans l'imitation des actes du général Faidherbe, c'est-à-dire dans un appel immédiat aux MEILLEURS ÓFFICIERS du génie et de l'artillerie sortis de l'école d'application, sans exclure pourtant les sujets distingués de l'infanterie, qui, pour la plupart, ont passé par plusieurs des sections de cette arme à l'école militaire.

Ces préliminaires posés, nous dirons :

En attendant que le fonctionnement normal de l'Université militaire permette de réaliser complétement les dispositions de l'article I, il est urgent de créer immédiatement un cadre d'officiers propres à suppléer, dans la mesure la plus satisfaisante, aux ressources que l'institution ne produira qu'avec le temps. Ce cadre d'officiers sera prélevé directement sur l'armée entière, et de la manière suivante. On peut, en moyenne, estimer à 2 ou 3 bons officiers de tous grades, ce que

(1) Les hommes se trouvent toujours, mais les états-majors ne s'improvisent pas.

fournira chacune des trente-deux promotions d'armes spéciales écoulées jusqu'aujourd'hui dans l'armée, et de 1 à 2, sans doute, ce que donnerait chacune des vingt sections d'infanterie. En écartant les sujets qui n'ont plus la vigueur physique nécessaire, ou que leurs habitudes ont rendus peu propres à la vie active, on obtiendrait immédiatement un contingent de 70 officiers, 90 peut-être, dont le travail antérieur et le caractère connu seraient une forte présomption qu'ils possèdent les qualités du bon officier d'état-major.

De ces officiers et du corps d'état-major actuel on ferait un tout, auquel on appliquerait, avec les modifications commandées par les services antérieurs et le grade de chacun, les obligations fondamentales renfermées dans les articles IV, V, VI et VII de ce projet d'organisation (1).

X. Comme complément à cette organisation, nous émettrions le vœu de voir créer, au sein de notre Univer-

(1) Afin de ne pas repousser, en quelque sorte, les officiers des armes spéciales appartenant aux promotions des premières années, promotions qui ne sont pas les moins remarquables de notre École militaire, il y aurait convenance de remanier l'*état d'ancienneté* à l'égard de ceux que l'on admettrait dans le corps. En effet, quelques-uns d'entre eux seraient exposés à occuper, dans l'état-major, une position subordonnée à celle d'anciens condisciples que les *chances des armes*, qui jouent un si grand rôle en Belgique, ont favorisés d'un avancement plus considérable par suite de leur désignation pour l'infanterie et la cavalerie à leur sortie de l'École militaire.

sité militaire, *un cercle* où se réuniraient mensuelle-
ment les officiers présents à Bruxelles, et tous autres
qui seraient désireux de contribuer à son succès. Outre
l'avantage d'y resserrer, par un contact plus fréquent,
les liens de cette bonne camaraderie qui doit unir tous
les hommes appelés à paraître un jour devant la bouche
égalitaire des canons, ce cercle pourrait être une tri-
bune où les thèses les plus intéressantes, produites dans
les conférences des régiments ou dans des publications,
seraient soutenues devant un auditoire riche en intelligences diverses. Ce seraient les assises de l'art militaire au profit de l'illustration de la Belgique.

Nous n'entrerons pas dans le détail de cette organisation point par point. La chose serait aisée pourtant ;
mais elle serait sans objet pour le moment et elle n'ap-
porterait au lecteur aucune lumière nouvelle.

Nous nous bornerons à en faire ressortir les conséquences les plus considérables :

1° Nous élaguons de l'organisation prussienne ce
qui nous paraît être inapplicable à la Belgique.

2° A l'instar de l'académie prussienne, nous faisons
de notre Université militaire la source à laquelle, dans
l'avenir, s'alimentera l'état-major général.

3° En dotant notre école d'un vaste programme qui
résume tous les autres, nous lui assurons la qualité
d'école d'enseignement militaire supérieur, à un degré
qui ne lui laissera rien à envier à celle de Berlin.

4° En même temps que nous faisons de nos candidats-officiers des hommes érudits dans les sciences tant générales que militaires, nous les façonnons aux devoirs et aux fonctions de l'officier-soldat.

5° Nous préparons un recrutement plus rationnel de toutes les armes en officiers d'élite, tout en faisant la part de ce qu'il convient d'accorder à la médiocrité compensée par la bonne volonté.

6° Nous reléguons la paresse à l'écart.

7° Par l'attrait d'une récompense certaine, nous convions, comme en Prusse, tous les meilleurs esprits de chaque génération à lutter d'émulation pour conquérir les emplois d'honneur.

8° Nous accaparons pour l'état-major, à l'instar des propositions de Faidherbe, les meilleurs produits de chaque fournée, au lieu de les laisser s'accumuler (1)

____

(1) On dit, généralement, que la qualité des officiers d'état-major a baissé depuis quelques années, et qu'elle n'est plus ce que fournissaient les anciennes promotions de l'école d'application. On trouve l'origine de cet état de choses dans l'importance acquise par le génie et l'artillerie depuis l'érection de la place d'Anvers, ce qui aurait fait refluer les meilleurs élèves vers ces deux armes au détriment de l'état-major.

Nous croyons que là n'est pas la cause la plus sérieuse de ce déchet présumé. Il faut chercher l'éloignement, non dissimulé, pour la carrière d'officier d'état-major, rencontré chez les sous-lieutenants élèves qui tenaient la tête des listes de classement, dans le manque de stabilité du corps ;—dans la position par trop subordonnée faite, dans les régiments, aux officiers d'état-major stagiaires ; — dans l'obligation imposée à ces officiers de rester nombre d'années, jusqu'au jour fixé par le chef, sous

dans les deux autres armes spéciales, le génie et l'artillerie, rivales de l'état-major.

9° Si, à la vérité, nous écrémons les fournées pour un moment, nous ne privons cependant aucune arme de sujets de choix, car nous leur rendons les officiers plus complets encore qu'ils ne le sont aujourd'hui en quittant l'école. D'ailleurs il vaudrait mieux appauvrir une arme au profit de l'armée, en admettant qu'une telle crainte fût fondée, que d'appauvrir l'armée au profit d'une seule arme (1).

10° Tout en maintenant, en temps de paix, un effectif modeste à la partie de notre état-major qui fait le service du corps (2), nous créons, en prévision de la guerre, une réserve nombreuse de ces officiers d'élite.

11° Nos régiments de toutes armes renferment une

le coup d'un examen complémentaire aux études de l'école militaire, tandis que l'intérêt bien entendu de l'armée et de l'officier exigeait qu'on le subît aussitôt que l'on se sentait préparé; — finalement, dans le lot de service, ingrat et sans prestige en garnison, pénible dans les campements, dévolu à l'officier d'état-major subalterne attaché aux états-majors divisionnaires où, loin de jouir de la somme d'autorité morale, d'initiative et de responsabilité que les officiers du même grade possèdent dans leurs régiments, ils se transforment en un composé de simples copistes et de porteurs de plis cachetés.

(1) Une excellente artillerie et un corps du génie réputé ne compenseront pas les inconvénients de la médiocrité de l'infanterie et de la cavalerie, et *vice versâ*. Il vaut mieux un ensemble uniforme dont chaque partie serait de qualité moyenne.

(2) Nous avons entendu des officiers, raisonnant sur l'organisation prussienne, prétendre que le chiffre de quarante ou quarante-six offi-

pépinière d'officiers aptes à remplir les fonctions d'adjoints aux états-majors pendant la durée des périodes de crise momentanée, comme aussi à contribuer largement aux travaux préparatoires des campagnes.

12° Finalement nous arrivons à former peu à peu une excellente *Tête d'armée* qui saura maintenir, et développer toujours, une solide organisation en rapport avec les progrès continus de l'art militaire et conduire glorieusement l'armée, bien outillée et confiante dans sa cohésion, au combat pour la défense de la patrie, si l'envahisseur se ruait sur nous.

ciers d'état-major pour l'armée belge est plus du double de la proportion admise en Prusse; d'où ils infèrent que, etc., etc.

Ces messieurs versent dans une erreur occasionnée par le chiffre moyen de cent officiers *faisant,* en Prusse, *le service,* auxquels ils omettent d'ajouter celui des officiers de l'état-major disséminés dans l'armée, ce qui en porte le nombre total à environ trois cent cinquante à quatre cents.

Ici s'arrête le travail que nous nous sommes imposé.

Il y aurait, sans doute, beaucoup à dire encore sur ce sujet ; mais de plus longs développements nuiraient peut-être à la clarté.

Dans l'intérêt du principe de notre projet d'organisation, il suffit que la charpente en soit bien dessinée ; nous nous réservons d'entrer dans d'autres détails si, ce que nous n'osons espérer, il est accueilli avec faveur.

Nous avons longuement et mûrement étudié les défauts de notre organisation militaire actuelle et nous pensons, avec la généralité, qu'il y a lieu de la modifier dans plusieurs de ses parties essentielles ; mais si, comme on le dit, tout vient à point à qui sait attendre, cela ne peut, en politique, être vrai qu'à la condition

que chacun travaille à l'amélioration des choses sur lesquelles sa parole peut avoir quelque poids, et que le
temps ne soit pas gaspillé. Voilà pourquoi nous appor-
tons notre pierre à l'érection de notre édifice national.

La Belgique, trop confiante, trop honnête peut-être,
a, depuis 1830, vécu dans une quiétude difficile à alar-
mer. Et pourtant, jusques hier, son existence n'a pas
cessé d'être précaire! A la confusion des optimistes, les
révélations qui ont accompagné le tumulte des com-
bats, l'année dernière, nous ont appris que maint guet-
apens avait été dressé dans l'ombre contre nous.

Les traditions du Grand Roi sont passées chez nos
voisins à l'état de manie dangereuse pour notre sécu-
rité. Un peuple tout entier, chevaleresque naguère, est
devenu « collectiviste (1) » à l'égard de l'indépendance
et de la prospérité de notre modeste mais riche Belgique. Ses hommes de toutes conditions : ouvriers,
bourgeois, publicistes, gouvernants (sauf de très-rares
mais marquantes exceptions,... *rari nantes*), son Sou-
verain même, n'ont eu qu'une pensée incessante : s'em-
parer de la Belgique par violence ou par ruse, ouverte-
ment ou par marché.

Ce n'est pas que la théorie dite des nationalités nous
soit sérieusement applicable. En effet, nous n'avons pas
les affinités françaises, quoique un grand nombre d'entre

(1) Qualificatif pittoresque imaginé par un personnage de la Com-
mune, qui s'est fait une triste célébrité.

nous parlent la langue de cette nation ; nous tenons plus du Germain. Nous ne sommes ni légers, ni suffisants, ni dédaigneux d'autrui. Nous ne cherchons point à porter le trouble au dehors. Nous sommes industrieux, et ne désirons rien autre chose que notre existence de petit peuple — si petit qu'il est presque une famille. Le mot que nous prononçons a la signification la plus droite ; notre serrement de mains n'a pas d'arrière-pensée ; et, pour nous, la « probité » s'entend de la même façon en politique que dans les relations privées.

Tel est le Flamand-Wallon.

La mitraille des armées de la Confédération a conjuré le danger... mais pour un jour, car il renaîtra plus redoutable que jamais. Nous avons à peine le temps de nous préparer à faire face aux vicissitudes qui nous attendent. Il n'est donc pas exact d'appliquer aux États menacés cet adage, calmant proverbial des impatiences personnelles : « Tout vient à point à qui sait attendre. »

L'Allemagne a fermé à la France le vieux chemin de la Germanie : Metz et Strasbourg, et bientôt Thionville, Saverne et Huningue rendront le Rhin et le Palatinat inaccessibles aux Français.

Leurs têtes de colonnes ne franchiront plus ces obstacles au début d'une nouvelle guerre. Et pourtant la France respire la vengeance ; elle demande une revanche, elle la réclame impérieusement, et, affolée de vanité, d'exigences et d'illusions, elle voudra encore ensanglanter le monde.

Leipzig, Waterloo, Sedan auront leur lendemain.

Cette fois, on ne peut se le dissimuler, l'armée belge sera en première ligne pour recevoir l'attaque. Les raisons stratégiques *immuables* attireront sur la Sambre et la Meuse l'armée française en marche sur Aix et Cologne pour prendre à revers les défenses de l'Allemagne et tenter d'accomplir le rêve, si facilement entrevu en 1870, si rapidement dissipé, d'un nouvel Iéna et d'un triomphe à Berlin.

Les défilés de l'Alsace et de la Lorraine ne verront plus d'innombrables armées : c'est dans les plaines de la Belgique que se heurteront ces masses et se décidera le sort des batailles.

Il n'y a plus d'autre chemin !

Ils ne sont pas alarmistes, ils ne sont que clairvoyants, ces hommes qui pressentent de nouveaux massacres fomentés par l'idée française. Nous ne pouvons nous faire d'illusions sur le sort qui nous est réservé dans la lutte prochaine. Fleurus, Neerwinden et Rocourt verront encore les bataillons de la nation des Francs, compromettant leur propre prospérité et foulant aux pieds les richesses amassées si péniblement par le travail et l'industrie du monde, marcher à la réalisation d'une vaine ambition, d'une chimère : la prédominance d'une race sur ses voisines et l'extension illimitée d'une *Toute-puissance* qui ne donne pas l'aisance, ni même le pain au chef de famille.

Dix ans à peine nous séparent de l'échéance fatale! La France nous ménagera-t-elle par reconnaissance de ce que nous avons fait pour ses enfants vaincus et mutilés? Le plus sûr est de n'y pas compter. La petite Belgique est une proie si séduisante, que respecter sa faiblesse et sa générosité serait duperie, vraiment, de la part d'un État redoutable et avide d'extension

En dix ans nous pouvons être formidables et défendre chèrement notre fortune et notre indépendance. Notre intérêt et notre honneur nous le commandent. L'histoire de tous les temps est là qui nous crie : Une fois conquis, tes biens et ton sang appartiendront au vainqueur et seront dépensés à consolider son triomphe.

Mais pour faire une défense digne d'un peuple libre, glorieux de son passé, nous devons nous armer. Nous devons surtout nous former une Tête d'armée. Il faut qu'un Stoffel de l'avenir puisse dire de nous aux généraux ennemis : VOUS QUI CROYEZ AVOIR FACILEMENT RAISON DE LA BELGIQUE, MÉFIEZ-VOUS DE SON ÉTAT-MAJOR!

www.ingramcontent.com/pod-product-compliance
Ingram Content Group UK Ltd.
Pitfield, Milton Keynes, MK11 3LW, UK
UKHW020028100726
13658UKWH00003B/1185